hänssler

Peter Hahne

Er stellt meine Füße auf weiten Raum

Inhalt

Inhalt Seite 4

Was mein Leben wertvoll macht Seite 6

Vom Tiefgang der Sprache und den Seitensprüngen des Lebens Seite 8

Danken wirkt Wunder Seite 14

Die Kunst, sorglos zu leben Seite 18

Der Fluch der Eile und der Segen der Zeit Seite 20

Keiner braucht allein zu sein Seite 24

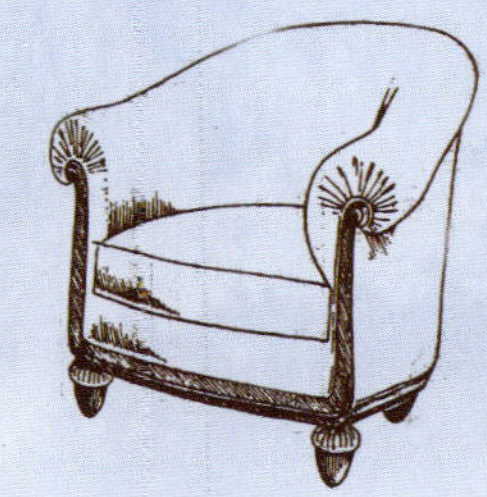

Trauer tragen und Liebe leben Seite 30

Mut zum Beruf Seite 34

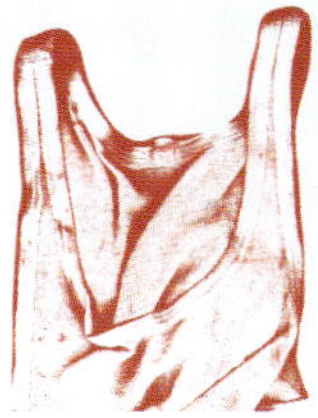

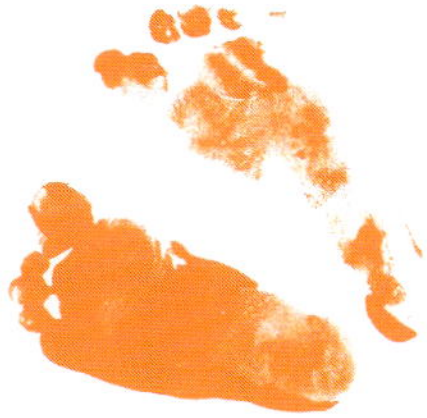

Maß-Menschen Seite 38

Geborgen in Gottes Hand Seite 44

Stadt ohne Gott Seite 50

Gott lässt uns durchatmen Seite 56

Sehnsucht nach Segen Seite 58

Impressum Seite 63

Was mein Leben wertvoll macht

»Freunde, das Leben ist lebenswert ...« Ist das nur eine wirklichkeitsfremde Operettenarie? Eine Illusion? Nur etwas für Leute, die mit einer Maske die Realität verbergen und ihr Publikum für ein paar Stunden in eine heile Welt entführen? Ist das Leben ein dramatisches Schauspiel mit bangem Warten auf ein Happyend?

»Freunde, das Leben ist lebenswert ...« Davon hängt alles ab, ob ich weiß: Mein Leben ist nicht umsonst. Ich bin kein Rädchen im Getriebe der Zeit, keine Nummer, kein auswechselbares Requisit auf der großen Bühne der Welt. Mein Leben ist es wert, gelebt zu werden.

Jemand sagte mir: »Wenn ich daran denke, dass es mich nur einmal gibt, bekomme ich einen riesigen Respekt vor meinem eigenen Leben.«

Es stimmt: Ich bin keine Dutzendware. Ich bin einmalig. Mein Leben hat Spitzenwert, denn ich bin ein Geschöpf Gottes. Geschaffen zu Gottes Ebenbild. Ich bin herausgehoben aus der ganzen übrigen Schöpfung. Bei Gott gibt es keinen Kollektivwert, der die Masse zu Marionetten macht. Jeder Mensch hat seinen persönlichen Wert darin, dass er Gottes Ebenbild ist. Er kann nichts hinzutun. Aber es kann ihn auch niemand nehmen.

Viele fragen: Gott, warum hast du mich denn so gemacht? Mit all meinen Schwächen und Fehlern,

mit all dem Leid und der Sorge? Bin ich überhaupt gewollt? Bin ich nicht doch ein unerwünschtes Kind ...
Ich darf in den Spiegel sehen: Das bin ich, Gottes Ebenbild. Ich darf in das Lob des Königs David einstimmen: Du Herr, hast mich wunderbar gemacht (Psalm 139). Ehe an mich zu denken war hast du an mich gedacht. Schon als Embryo hast du mich gesehen. Du hast mich gemacht, gesehen und geliebt. Gott hat keine unerwünschten Kinder. So wie ich bin, bin ich von ihm gewollt. Mit meinen Gaben und Grenzen, mit meiner Erbmasse und Einmaligkeit, mit meinen Stärken und Schwächen. Ich kann ja sagen zu mir selbst, weil Gott ja sagt zu mir.
Ich darf wissen: Gott hat eine Geschichte mit mir vor. Er hat seinen Plan mit mir. Jeder Tag, der auf mich zukommt, muss seine Augen passieren. Meine Zeit steht in seinen Händen. Das macht mein Leben reich. Ich stehe bei Gott hoch im Kurs. Gott sei Dank: »Freunde, das Leben ist lebenswert!«

Vom Tiefgang der Sprache und den Seitensprüngen des Lebens

Wir stehen jeden Tag 14 Minuten im Stau oder vor roten Ampeln.
Wir brauchen täglich eine halbe Stunde, um Wohnung und Arbeitsplatz aufzuräumen.
Vor dem Spiegel stehen wir am Tag 17 Minuten, vor dem Fernseher sitzen wir 183 Minuten.
Und da die Statistik nichts auslässt: 12 Minuten verbringen wir auf der Toilette.
Nur mit unserem Partner, mit dem Menschen, der uns am nächsten steht, reden wir ganze zehn Minuten pro Tag. Zehn Minuten!
Experten haben festgestellt, dass die Zeit, die sich Männer und Frauen nehmen, um miteinander zu sprechen, immer kürzer wird. Es scheint, als habe man sich nichts mehr zu sagen.
Man ist zusammen, aber doch zugleich weit auseinander. Man schweigt sich an, ist in der Zweisamkeit der Ehe oder der Gemeinschaft der Familie nur noch mit sich selbst beschäftigt.
Überall kann man es beobachten, in der U-Bahn, beim Einkaufen, im Lokal.
Da sitzt ein Ehepaar, und die einzigen Worte, die beide über die Lippen bringen, ist die Bestellung an den Kellner. Sonst kein Wort, keine Geste.
Sie stochert in ihren Nudeln herum, er säbelt

gelangweilt an seinem Steak. Grabesstille bis zum Dessert.
Man wirkt keineswegs zerstritten. Die beiden sind nur auf Dauer verstummt.
Bei Scheidungen geben immer mehr Ehepaare als Grund an: »Wir haben uns nichts mehr zu sagen.« Und meinen das keinesfalls nur im übertragenen Sinn. Es gibt Männer, die monatelang keine Silbe mehr mit ihrer Frau gesprochen haben – und umgekehrt. Da trifft der Tatbestand der seelischen Grausamkeit zu.
Wortentzug ist Liebesentzug. Wer nicht mehr mit mir redet, dem bin ich auch nichts mehr wert, für den bin ich Luft.
»Das Schweigen war die Hölle«, sagt eine Frau beim Scheidungsprozess.
»Ich fühle mich wie lebendig begraben.«
Manche Ehe oder Freundschaft wird über Jahre hinweg zu Tode geschwiegen.
Der amerikanische Schriftsteller und Friedensnobelpreisträger Elie Wiesel schreibt: »Wir haben auch erfahren, dass Schweigen nicht immer erlösend und schöpferisch ist. Es kann zum Instrument der Folter und des Todes werden.«
Wir Menschen sind nun einmal zur Kommunikation geschaffen. »Es ist nicht gut, dass der Mensch allein sei« (1. Mose 2,18).
Gemeinschaft äußert sich zuallererst im Gespräch. Unser Reden miteinander und übereinander, füreinander und gegeneinander ist

für eine Beziehung wie der Sauerstoff fürs Leben. Worte können Brücken zueinander sein. Wem das Reden verboten ist, zum Beispiel in isolierter Geiselhaft, der kann darüber wahnsinnig werden. Ehe, Partnerschaft und menschliches Miteinander sind jedoch keine Einzelhaft, obwohl sich viele so verhalten und in einer unsichtbaren Einzelzelle leben. Oder sie werden in eine solche gedrängt. Eiskaltes Anschweigen gehört zu den Folterwerkzeugen falscher Erziehung, zum perfiden Strafmittel in einer Beziehung oder zum gnadenlosen Mobbing am Arbeitsplatz.

Die Zahl der »Seitensprünge« nimmt immer mehr zu, ermittelten Psychologen. Und sie meinen damit keine sexuellen Abenteuer, sondern die Selbstisolierung durch übermäßige Beschäftigung mit Computer, Internet, Videospielen und Hobby. Man unterhält sich, aber nicht mehr mit dem Partner.

Eine Existenz nur aus Surfen, Chatten und Mailen – mir macht das Angst.

Die künstliche Welt, herbeigezaubert in Lichtgeschwindigkeit, ergreift jeden allein. Nichts an ihr ist echt, nichts ist wirklich, nichts lebendig. Das Virtuelle macht einsam, Realität wird erst gemeinsam. Unter Menschen nämlich, die miteinander reden, die Erfahrungen untereinander teilen.

Natürlich hat der Computer-Fortschritt Vorteile geschaffen. Doch nicht jeder Fortschritt bringt uns weiter. Nicht mit allem, was sich Fortschritt nennt, muss ich Schritt halten. Wer durch eine virtuelle Welt soziale Kontakte ersetzt, der ist asozial, auch wenn er sich die teuerste Elektronik leisten kann.

Auf was müssen wir alles verzichten, wenn wir nur noch einsam auf matter Scheibe durchs Computerprogramm surfen?! Das freundliche »Guten Morgen« des Nachbarn und des Busfahrers, das Klönen mit Kollegen, das Gespräch beim Einkaufen und das strahlende Lachen eines Kindes sind nun einmal per Mausklick nicht zu haben.

Das Leben ist eben zu wertvoll, um das Herz gegen einen Chip einzutauschen.

Diese erbärmliche Einsamkeit las ich einmal so beschrieben: »Mit den Wänden um die Wette schweigen, bis aus dem Telefon Besuch kommt.«

Natürlich kann man auch ohne Worte miteinander reden. Manchmal genügt ein Händedruck, ein Kuss, der Kontakt mit den Augen.

Es gibt gemeinsam erlebte Glücksmomente, aber auch Leid, das man nicht in Worte fassen muss.

»Freundlichkeit ist eine Sprache, die Taube hören und Blinde lesen können« (Mark Twain).

In Schottland gibt es das schöne Sprichwort: »Die am meisten lieben, sprechen am wenigsten.«

Jedoch weiß jeder, dass Sorgen ihr Gewicht verlieren, wenn man darüber redet. Dass tröstende Worte Wunder wirken.

Miteinander reden heißt ja auch: mit dem anderen teilen: Freud und Leid, Kummer und Glück. Das bewahrt eine Ehe und eine ganze Familie in guten Tagen vor Leichtsinn, in schweren Tagen vor Verzweiflung: »Das Menschlichste, was wir haben, ist doch die Sprache, und wir haben sie, um zu sprechen« (Theodor Fontane).
Wenn die Sprache das Menschlichste am Menschen ist, dann kann sie auch zum schrecklichsten Ausdruck seiner Unmenschlichkeit werden, zu Schlagwörtern und Stichwörtern im wahrsten Wortsinn.
Deshalb ermahnt der Völkerapostel Paulus vor 2000 Jahren mit bleibender Bedeutung: »Lasst kein faules Geschwätz aus eurem Mund gehen, sondern redet, was gut ist, was erbaut und was notwendig ist, damit es Segen bringe denen, die es hören« (Epheser 4,29). Das ist die Messlatte, ob mein Reden stärkend, ermutigend, hilfreich, vertrauensschaffend, brauchbar und zuverlässig ist. Schaffe ich mit meinen Worten Frieden oder Streit?
Ich breche keine Lanze für nichts sagende Vielredner. Ungebremster Redefluss ist noch kein Gütesiegel für funktionierende Partnerschaft. »Reden ohne Schweigen wird Geschwätz« (Romano Guardini). Schweigen kann etwas höchst Aktives sein: dem anderen zuhören. Und wer zuhört, der sucht nach Antwort. Plötzlich redet man miteinander …

Danken wirkt Wunder

Können wir das überhaupt noch:
Staunen über die kleinen Dinge?
Dankbar sein für all das Gute um uns herum?
Es sieht meist anders aus: Nicht Lebensfreude, sondern Daseinsangst prägt viele Leute. Sie hält den Menschen gefangen, drückt ihn nieder. Daseinsangst lähmt das Leben. Sie macht mutlos.
Viele Menschen leben aus dem Negativen. Bei ihnen herrschen Unzufriedenheit, Kritiksucht und Frustration. Solche Leute leben wie in einem dunklen Keller.
Die Lebensfreude stirbt; Lebenswille und Lebensmut werden gebrochen. Man fühlt sich eingesperrt und hat keinen Blick mehr für das Helle.
Es hilft nur eines: Die negative Lebenseinstellung muss sich in eine positive verwandeln.
Da wirkt Danken Wunder. Das Danken ist eine gute Medizin für die Seele.
Wer dankt, beginnt über die mickrigen Kästchen seines Lebens hinauszublicken auf die großen Planquadrate Gottes. Danken macht licht.
Es öffnet den Blick für Gott, der unsere Füße auf weiten Raum stellt.
Dem Dankbaren erschließt sich das Leben.
Dank befreit aus dem Ghetto der Ichbezogenheit.
Dank lässt Freude statt Angst die bestimmende Lebensmacht werden. Dank gegen Gott macht das Leben schöner und glücklicher.

Wer dankbar lebt, lernt das Staunen. Er ist wie jemand, der die Fensterläden seines Hauses aufstößt, um viel Licht und Sonne einzufangen.
Er merkt, dass es oft die ganz kleinen Dinge sind, die unser Leben hell und froh machen.
Können wir das überhaupt noch – Staunen? Staunen über den Vogel, der sich vom Wind tragen lässt; den Käfer, der auf einen Grashalm klettert. Staunen über einen herrlichen Sonnenuntergang; die Weite des Meeres und die Majestät der Berge. Staunen über die Sprache der Musik und das Lachen eines Kindes.
Staunen über die vielen Wunder des Lebens, die uns täglich begegnen. Wunder, die deutliche Spuren des großen Gottes sind.
Wer nur großen Ideen und Zielen nachjagt, versäumt das Glück, das in kleinen Dingen liegt.
Das wirkliche Glück wird erst da erfahren, wo wir Gottes Güte überall erspüren. Dann wird uns auch das Kleine groß. Dankbarkeit macht reich. Sie schenkt ein Leben mit Tiefgang.
Wo das Danken verstummt, gerät unser Leben auf eine schiefe Bahn.
Da baue ich nur noch auf mich – auf meine Leistungen und Verdienste, auf mein Wissen und Können. Da verliere ich Gott aus den Augen, den Geber aller Gaben. Damit verliere ich die Adresse des Dankes.
Menschen, die nicht mehr danken und staunen können, sind arm dran. Sie haben nur noch sich.

Und das ist bitter wenig. Wer aber sein Herz in Dankbarkeit mit Gott verbindet, der kann auch die Last des Alters, den Schmerz der Krankheit und den Kummer der Enttäuschungen tragen.
Übrigens: Wer in Dankbarkeit vor Gott lebt, der wird auch die Dankbarkeit Menschen gegenüber nicht vergessen. Dank nach oben wirkt Dank zur Seite.
Dank ist der Schlüssel zu einem frohen Leben.
Er gehört zum Leben wie das Atmen.
Der Grund mancher Kurzatmigkeit ist mangelnde Dankbarkeit.
Wer nicht dankt, ist gedankenlos. Er hat noch gar nicht richtig nachgedacht über sein Leben und das, was Gott daraus gemacht hat.
Der wahre Denker dankt, weil er weiß: Mein Leben ist reich, weil Gott mich beschenkt.

Die Kunst, sorglos zu leben

»Vor der Frau Sorge kann man die Tür nicht verschließen« – so meint Goethe im »Faust«, denn sie schleicht sich durch das Schlüsselloch hinein. Es stimmt: Sorgen hat jeder. Da ist die Mutter, die mit ihren Kindern nicht fertig wird. Der Schüler, dem das Lernen schwer fällt. Der Vater, der um seinen Arbeitsplatz bangt. Die Familie, die nicht mehr zusammenhält und auseinander bricht ... Sorgen über Sorgen. Wie Wellen drohen sie über uns zusammenzuschlagen.

Es gibt manche Fluchtwege, um den Sorgen und Problemen zu entgehen. Der menschliche Erfindungsreichtum ist enorm. Vergessen, betäuben, zerstreuen, ablenken ... »Schütt' die Sorgen in ein Gläschen Wein ...« Fluchtwege sind oft Suchtwege. Sie sind aber keine echten Auswege. Wo uns der Teufelskreis der Sorge gefangen halten will, da hilft nur eins: abgeben, wegwerfen auf den Herrn Jesus Christus; vertrauen auf Gott, den Vater im Himmel.

So einfach? Ja, so einfach! Gott der Vater, das ist nicht nur der Erzeuger und Erhalter allen Lebens. Seine Güte und Barmherzigkeit steht über dem Weltall. Wir haben keinen fernen Gott, der mit scharfen Argusaugen nur unsere Fehler sieht. Keinen Gott, der nur zum Strafen da ist. Keinen rächenden, kalten Götzen.

Christen haben einen Vater. Ihm dürfen wir ver-

trauen. Er weiß, was wir bedürfen. Der alte Kirchenvater Augustin konnte sagen: »Es genügt, dass Jesus Bescheid weiß.« Wenn sich der himmlische Vater um unser Leben sorgt, dann haben wir den Rücken frei.

Keine Sorge ist zu groß, als dass Jesus sie nicht mittragen könnte. Wir leben nicht davon, dass wir uns viele Sorgen machen. Wir leben davon, dass Gott für uns sorgt. Mitten in aller drückenden Sorgenlast dürfen wir wissen: Jesus ist immer noch größer.

Das Gegenteil von Sorge ist nicht die Sorglosigkeit derer, die alles im Überfluss haben. Sorglosigkeit heißt: Ich lebe mitten in den Anfechtungen der Sorge im Frieden und in der Fürsorge Gottes. Gott führt uns vielleicht nicht aus der Sorge heraus, aber er kommt in unsere Sorge hinein und hilft tragen.

Sorglos ist man nicht, wenn das Meer schön ruhig ist und das Lebensschiff beschaulich dahingleitet. Sorglos darf man sein, wenn zwar die Wogen hoch gehen, aber der Herr im Lebensschiff mitfährt und Sicherheit garantiert. Deshalb gibt es nur eine echte Sorge: Steht Jesus am Steuer meines Lebensschiffes?

Mein Vater im Himmel, der sich sogar um die Spatzen sorgt, soll auch mein Versorger sein. Denn für wen Gott sorgt, der hat ausgesorgt.

Der Fluch der Eile und der Segen der Zeit

Kurz vor der Landung blättere ich noch einmal in meinem Amerika-Reiseführer. Mein Urlaubsziel wird dort so beschrieben: »New York ist keine Stadt, sondern eine Zeitmaschine – oder ein Kino, in dem die Filme schneller ablaufen als anderswo.«

Wir leben im Zeitalter der Beschleunigung, unter dem Diktat der Eile, dem Druck der verordneten Zeit. Wir sind besessen von der fixen Idee, alles müsse immer schneller gehen.

Es gibt Schnellimbisse, Mikrowellen und Sekundenkleber. Wenn die hastig geschlürfte Fertigsuppe einen Flecken auf dem Anzug macht, wird der sofort entfernt. In einer Schnellreinigung im Stundentakt, wo einem der Schnellbesohler noch nebenbei die Schuhe repariert.

Der Schnellgang als Symbol unserer Zeit.

Aus dem Geschwindigkeitsrausch ist längst ein Geschwindigkeitskult geworden. Unsere High-Speed-Generation der ständigen Temposteigerung kann mit Geduld und Stille nichts mehr anfangen.

Man pflegt den Stress und hegt die Hektik. Stillstand bedeutet Herzstillstand. Ruhe ist tödlich – obwohl doch eigentlich in der Ruhe Kraft liegen soll.

Viele sind Opfer eines Zeitinfarktes. Ständig nervös, völlig überdreht, oft gereizt, häufig mit den Nerven am Ende.
Sklaven des Tempos, gejagt im ständigen Wettlauf mit den Terminen. Wir brauchen das Tempo, denn Zeitdruck lenkt ab.
Der Mensch hat Angst vor einer Pause, weil er in der Stille nur die innere Leere hört. Der »Verlust der Mitte« hält ihn auf Trab. Weil er Gott verloren hat, wird er zum Anbeter der Arbeit. Wer Gott ausblendet und sein Ich vergötzt, muss seine Zeit mit anderen Werten füllen. Je größer die innere Leere, desto kleiner die äußere Ruhe. Vor lauter Dringlichkeit verlieren wir das wirklich Wichtige aus den Augen.
Zeitnot bringt Atemnot. Wer keine Zeit mehr hat, dessen Leben ist bereits erloschen. Aus dem Gottesgeschenk Zeit wird ein Teufelskreis: Jahrzehntelang haben wir keine Zeit, weil wir ja eines Tages Zeit haben wollen, die Zeit zu genießen. Kommt jedoch die Zeit, wenn wir Zeit haben könnten, die Zeit zu genießen, haben wir keine Zeit mehr. Auf der Suche nach Leben wird die Zeit totgeschlagen.
Dabei mahnte schon Erich Kästner hintersinnig: »Denkt an das Fünfte Gebot: Schlagt eure Zeit nicht tot!«
In Österreich gibt es einen »Verein zur Verzögerung der Zeit«. Natürlich ist es wichtig, innezuhalten und nachzudenken. Doch die Sehnsucht

nach Ent-Schleunigung ist letztlich Selbstbetrug. Kein Mensch kann die Uhr anhalten, denn die Zeit liegt in Gottes Händen (Psalm 31,16). Die Zeit ist Gottes Art, Kredit zu geben. Der Sinn von Krediten ist es aber, sie optimal zu nutzen.
Unser Terminplaner kann noch so raffiniert und ausgeklügelt sein. Er wird so lange kosmetische Korrektur bleiben, solange ich nicht bereit bin, mein Lebenskonzept zu ändern. Zeit zu haben, ist eine Kunst. Und Kunst kommt von Können. Ich kann also etwas tun. Richtiger Rhythmus schafft dem Leben Raum.
Beste Vorbilder sind das Atmen und der Herzschlag. Wie ich ein- und ausatme, so sollte ich auch meine Zeit ein- und austeilen, damit sie zum Segen und nicht zum Fluch wird: Geben und Nehmen, Fasten und Feiern, Ruhe und Arbeit, Loslassen und Annehmen.
Der Herzrhythmus besteht aus drei Phasen: ein Drittel Arbeit, zwei Drittel Ruhen. So erfüllt es seine lebenswichtige Funktion von der ersten bis zur letzten Stunde – durchschnittlich dreitausend Millionen Schläge im Lauf des Lebens.
Das Beispiel des Herzens lehrt: acht Stunden Arbeit, acht Stunden Schlaf, acht Stunden tun, was unsere Kräfte erneuert. Das nennt man Muße – ein Fremdwort in einer Welt des »Muss«.
Jemand gab mir den Rat: »Gönn dir einen Wüstentag!« Denn in der Stille kommen wir zu Gott und damit zu uns selbst.

»Wüstentag« ist das krasse Gegenteil der Negativbegriffe unserer wüsten Tage: Zer-streuung, Ablenkung, Unter-haltung, Ver-treib.

»Zeit ist nicht Schnellstraße zwischen Wiege und Bahre, sondern Platz zum Parken an der Sonne« (Phil Bosman).

Das Licht der Welt hat einen Namen: Jesus Christus (Johannes 8,12). Sein Licht wirft einen hellen Schein der Hoffnung, wo sich Resignation breit zu machen droht. Er stellt meine Füße auf weiten Raum (Psalm 31,9), weil Ewigkeit der Zeit ihre Begrenzung nimmt.

»Es ist nur einer ewig und an allen Enden,
Und wir sind in seinen Händen«
(Matthias Claudius).

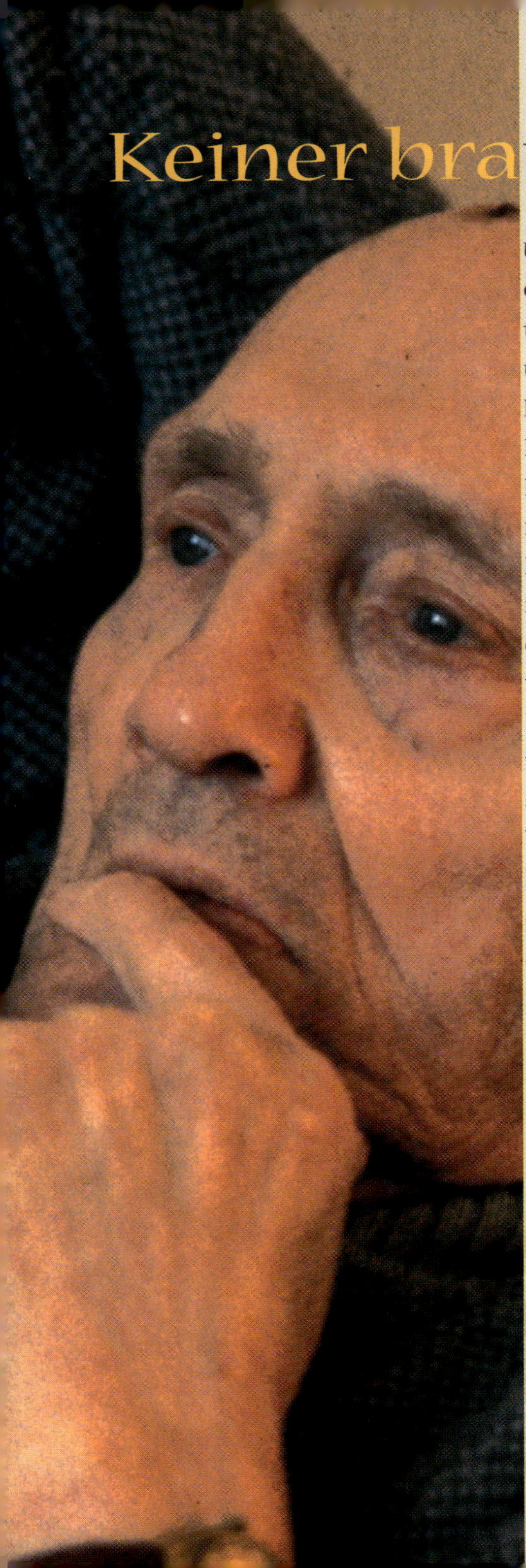

Keiner braucht allein zu sein

Unglaublich, aber wahr: Da wird der Rentner Gerhard K. vor einigen Jahren in seiner Wohnung tot aufgefunden. Ganze sieben Jahre hat er unentdeckt in seinem Bett gelegen.
Niemand hatte ihn vermisst. Pünktlich wurde die Rente aufs Konto gezahlt, die Miete abgebucht. Post und Besuch gab's ohnehin für Rentner K. nicht. Einsamkeit!
Eine junge Lehrerin nimmt sich das Leben. In ihrem Abschiedsbrief kann man lesen: »Trotz der vielen Menschen, mit denen ich zu tun habe, fühle ich mich so schrecklich allein.«
Im Altersheim stirbt eine Frau. In ihrem Nachlass findet man einen kleinen Kalender. Seite für Seite stehen unter den Daten mit zitternder Hand zwei Worte geschrieben: »Niemand kam.« Einsamkeit!
Der Dichter Hermann Hesse meint: »Leben heißt einsam sein. Keiner sieht den andern, jeder ist allein.«
Einsamkeit ist die furchtbarste Geißel unserer modernen Gesellschaft. Viele fürchten sich vor dem Altwerden, weil dann die Einsamkeit ihr täglicher Gast sein wird.
Die biblische Frage »Soll ich meines Bruders Hüter sein?« wird unter uns unheimlich gelebt.
»Jeder ist sich selbst der Nächste«, sagt man so dahin. Man empfindet keine Verantwortung mehr für den anderen. Kranke und alte Menschen

werden übersehen oder vergessen. Jeder ist nur noch mit sich selbst beschäftigt.
Dabei merkt der Mensch nicht, wie er damit nicht nur andere, sondern erst recht sich selbst zur Einsamkeit verdammt.
Viele vereinsamen mitten in der Masse. Hochhäuser und Fabriken, Vereine und Veranstaltungen – und darin der einsame Mensch.
Schlimm ist die Einsamkeit zu zweit. Im engsten Familienkreis, in der Ehe, ist es eiskalt geworden. Da ist kein Verstehen, kein Annehmen, kein Liebhaben, kein Teilhaben.
Menschen sind von Menschen enttäuscht. Jetzt ziehen sie sich in ihr Schneckenhaus zurück. In sich verkrümmt und abgekapselt: Verbitterung, Verzweiflung, Schwermut sind die Folgen.
Mancher gerät an die Grenze zum Selbstmord. Allein geht man ein. Das Leben blüht und wächst nicht mehr. Es verkrümmt und verkümmert.
Der Gipfel der Einsamkeit aber ist erreicht, wenn der Mensch Gott links liegen lässt.
Das Nein zu Gott ist der Entschluss zu selbst gewählter Einsamkeit. Wer nein sagt zum Vater, leugnet seine Heimat.
Wer ohne Heimat ist, geht kaputt. Er wird die Erfahrung des Philosophen Nietzsche machen müssen: »Die Welt ein Tor zu tausend Wüsten, stumm und kalt. Weh dem, der keine Heimat hat.«
Einsam bleibt der, auf den keiner mehr wartet. Verloren sind wir, wenn niemand uns sucht.

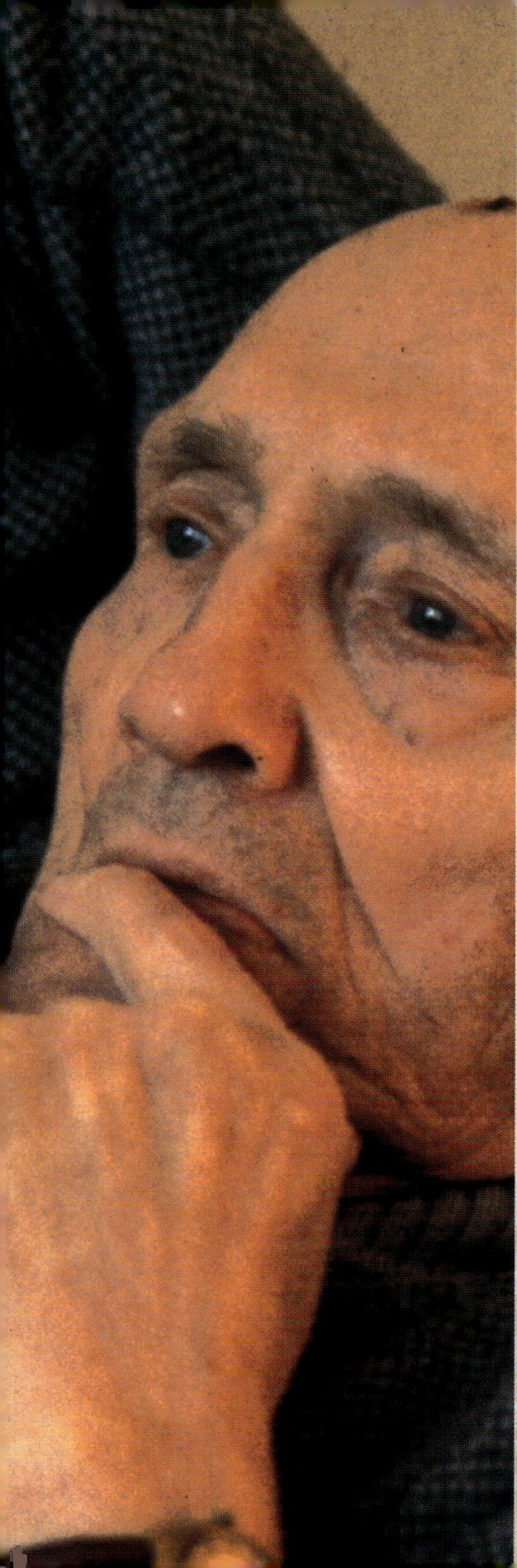

Gott sieht unsere Einsamkeit. Wie wir Angst davor haben, eines Tages als alte Menschen abgeschoben zu werden. Wie wir nackte Angst vor der Todesstunde haben.
Dem Herrn geht das zu Herzen. Gott schickt Jesus Christus, um nach uns zu fragen, um uns zu suchen. So will Gott das Gefängnis unserer Ichbezogenheit und Einsamkeit aufbrechen. Keiner braucht allein zu sein.
Jesus ist da: »Ich bin gekommen, zu suchen und selig zu machen, was verloren ist« (Lukas 19,10). Glückselig ist der, dem die letzte Einsamkeit durch Jesus genommen ist. Der auch in der einsamsten Stunde, im Sterben, noch Jesus an seiner Seite hat. Die Gemeinschaft mit Jesus ist endgültig. Sie hält in Zeit, Sterben und Ewigkeit. Keiner braucht an sich, seiner Schuld und seinen Sorgen zu verzweifeln. Seit dem Kommen von Jesus hat sich die Lage völlig verändert.
»Alles Wesentliche im Leben ist Begegnung« (Martin Buber).
Das Wesentlichste ist die Begegnung mit Jesus Christus. Wir kommen nicht aus unserer Einsamkeit heraus, indem wir über sie nachgrübeln. Erst indem wir in Christus dem liebenden Du Gottes begegnen, wird die Mauer unserer Einsamkeit durchbrochen.
Wenn der Strahl der göttlichen Liebe unser Herz trifft, dann wird Leben geweckt, wo vorher Tod war. Dann kommt Licht in unsere Dunkelheit.

Dann kommt Wärme in die Eiseskälte unserer Einsamkeit. Die Liebe Gottes in Jesus Christus gibt uns Freiheit und stellt unsere Füße auf weiten Raum.
Wir dürfen die Enge der Einsamkeit mit der Weite der Ewigkeit tauschen.
Die Begegnung mit Jesus Christus führt uns aus dem Kerker der Zwänge und Ängste, des Alleinseins und der Verlorenheit heraus. Wo ich Jesus begegne, hat die Einsamkeit keine Chance mehr.
Wie kann ich diesem Herrn heute begegnen? Zunächst dort, wo er am sichersten zu finden ist: in seinem Wort, der Bibel.
Die Bibel ist weder fromme Pflichtlektüre noch klassische Erbauungsschrift. Gottes Wort ist nichts für distanzierte Feinschmecker. Es ist eine »Delikatesse« für den, der bereit ist, Gott zu begegnen. Der Weg zu Gott führt nie an der Bibel vorbei, aber immer in sie hinein. Der Schlüssel zu den Geheimnissen Gottes ist das Lesen der Bibel.
Vielen ist es eine Hilfe, sich Christen anzuschließen. In einer Gemeinde oder einem Hauskreis ist es leichter, die ersten Schritte zu Gott und mit Gott zu tun. Hier finde ich Brüder und Schwestern, die mir Wegweiser zur Gemeinschaft mit Christus sind. Die mir aufhelfen, wo ich falle; die mir Mut machen, wo ich verzage; die mich korrigieren, wo ich in die Irre laufe.
Der Glaube wächst in der Gemeinde. Hier wird das Glauben schaffende und -stärkende Wort gepre-

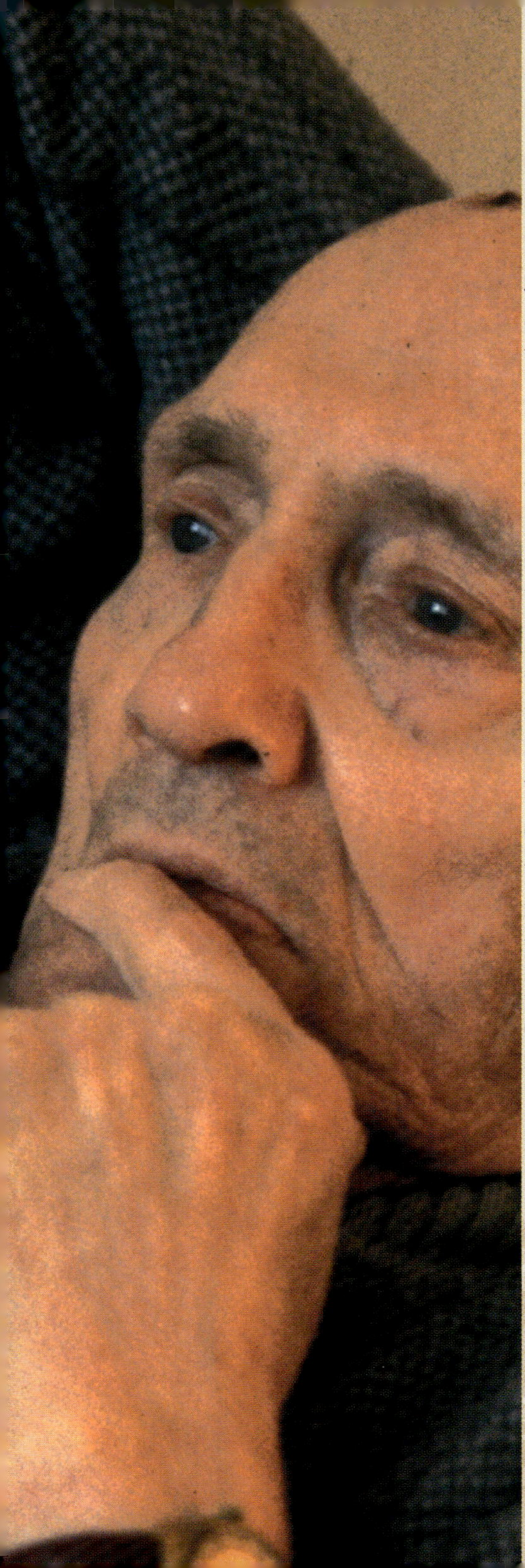

digt. In der Gemeinschaft mit Christen wird die Einsamkeit überwunden. Plötzlich erfahre ich: Ich werde gebraucht, geliebt, geachtet und angenommen. Ich habe ein Zuhause, wo ich durchatmen und ausruhen kann.
Wer in Christus das Ende seiner Einsamkeit erfährt, der ist frei zur Gemeinschaft mit anderen Menschen. Er kann ein völlig neues Verhältnis zu seinem Nächsten aufbauen, denn er hat Heimat.
Er hat jemanden, der nach ihm fragt und auf ihn wartet: Jesus Christus.

»Fürchte dich nicht, denn ich habe dich erlöst;
ich habe dich bei deinem Namen gerufen;
du bist mein.
Wenn du durch Wasser gehst, will ich bei dir sein,
dass dich die Ströme nicht ersäufen sollen;
und wenn du ins Feuer gehst, sollst du nicht brennen, und die Flamme soll dich nicht versengen.
Denn ich bin der Herr, dein Gott.
Fürchte dich nun nicht, denn ich bin bei dir.«
(Jesaja 43,1–3.5)

Trauer tragen und Liebe leben

Jetzt wisse er erst, was er wirklich verloren habe. Nach der Beerdigung seiner Frau ist der Mann wie verwandelt. Einerseits quälen ihn die Selbstzweifel, so vieles versäumt zu haben, zu wenig Zuneigung, Anerkennung und Liebe gezeigt zu haben. Auf der anderen Seite erkennt er so viele Dinge an seiner verstorbenen Frau, die ihm zu Lebzeiten gar nicht aufgefallen waren. Ihre Engelsgeduld und Herzensgüte, ihre Bereitschaft zum Verzeihen und Neuanfangen. »Nun, wo sie nicht mehr da ist, fange ich richtig an, dankbar zu werden.«

Lehrt Trauer Dankbarkeit? Ist das vielleicht einer der Wege, Leid zu überwinden, Tränen zu trocknen? Dass man mitten in Kummer und Klage erkennt, dass man ja nur das betrauern kann, was einen vorher beglückt hat. Dass man nur das verloren gibt, was einen einmal bereichert hat. Arm sind nicht die Menschen, die große Verluste erleiden. Wirklich arm sind Leute, in deren Leben überhaupt nichts ist, was sie beweinen könnten. Kirchenvater Hieronymus, lateinischer Bibelübersetzer aus dem vierten Jahrhundert, brachte es auf den Punkt: »Wir wollen nicht trauern, dass wir sie verloren haben, sondern dankbar dafür sein, dass wir sie gehabt haben.«

Trauer ist der Preis für erlebte Liebe. Wer seine Heimat liebt, beweint ihren Verlust. Wer einen Menschen liebt, den erfüllt Trauer, wenn er nicht mehr da ist oder sich von ihm getrennt hat. Nur wer in seinem Leben echte Liebe zu einem Menschen, echte Begeisterung zu einer Sache erfährt, der empfindet Schmerz beim Verlust. Was man nie geliebt hat, kann man nicht beweinen. Deshalb führt Trauer letztlich zu Dank.

Trauer beginnt bereits im Glück. Wenn ich erkenne, dass jedes Glück zeitliche Grenzen hat. Mitten im Leben schon Abschied nehmen können – das bewahrt vor plötzlicher Verlustangst. Wer weiß, dass alles vergänglich ist, empfindet umso größeres Glück, so lange er es hat.

Er wird sorgsam und dankbar damit umgehen, er wird es schätzen und schützen, solange es geht. Wer weiß, dass alles nur Leihgabe ist, wird bereitgemacht, loszulassen und zurückzugeben – und sei es das eigene Leben, das wir ja auch einmal verabschieden müssen.

Wer »abschiedlich lebt«, bereichert das Dasein. Wir geben unserem Leben eine neue Qualität, weil wir nicht erst im Nachhinein die Freude erkennen, die wir vorher hätten haben können.

Wer sich nicht ans Vergehende klammert, kann gelassener durchs Leben kommen. »Ein Spießbürger ist, wer ein absolutes Verhältnis zu relativen Dingen hat« (Sören Kierkegaard). Er wird in seiner Trauer verzweifeln, weil er im endlichen Ewiges sah. »Hinter jeder Verzweiflung steckt eine Vergötzung«, analysierte der jüdische Psychologe Viktor E. Frankl. Gesundheit, Beruf, Familie oder

Glück sind Lebensmittel, nicht jedoch die Lebensmitte. Mittel zum Leben, nicht das Leben selbst.

Wer das Vergängliche für alles hält, fällt ins Nichts, wenn er es verliert. Der Pionier des Journalismus, der »Wandsbecker Bote« Matthias Claudius, dichtete vor über 200 Jahren:

Gott, lass dein Heil uns schauen,
Auf nichts Vergänglichs trauen,
Nicht Eitelkeit uns freun ...

Nun erkenne ich erst, was im Leben zählt. Die Frau im Rollstuhl berichtet mir, wie sie nach ihrem Unfall begonnen hat, die Welt mit neuen Augen zu sehen, aus einer neuen Perspektive sozusagen. »Nicht mehr von oben herab«, meint sie fast scherzhaft. Aus der Trauer über den Verlust der Gesundheit seien neue Prioritäten entstanden – die Erkenntnis, dass vieles todverfallen und krank ist, was wir für gesund und erstrebenswert halten. »Das Leiden macht den Menschen hellsichtig und die Welt durchsichtig« (Viktor E. Frankl). Wenn wir an die Grenze unseres Lebens stoßen und Verluste erfahren und betrauern, erhält vieles einen neuen Stellenwert. Leid hat letztlich keinen Sinn, es sei denn, man beginnt, sinn-voll auf den Verlust zu antworten. Menschen, die sich durch solche Trauerarbeit bilden lassen, sind immer noch die besten Vorbilder. Sie bewahren uns davor, in unserer Spaßgesellschaft vom Ernstfall überrascht zu werden.

Wer so seine Trauer trägt, lebt Liebe für seinen Nächsten. Weil er uns lehrt, Wesentliches von Unwesentlichem zu unterscheiden. Er lernt, Werte als wichtig zu erkennen, bevor sie uns erst durch Verlust bedeutsam erscheinen. Mit-Leid heißt dann auch, diese Lehre anzunehmen. »Alles Große hat seine Wurzeln im Schmerz« (Manfred Hausmann). So sind Schmerz und Verlust nicht umsonst. Auch das kann dem Leidenden Trost sein.

»Drauf wollen wir's denn wagen,
es ist wohl wagenswert,
und gründlich dem absagen,
was aufhält und beschwert.
Welt, du bist uns zu klein,
wir gehn durch Jesu Leiten
hin in die Ewigkeiten:
Es soll nur Jesus sein.«
(Gerhard Tersteegen, 1738)

Mut zum Beruf

Beruf? Redet man heute nicht vom Job, der das nötige Kleingeld zum Leben einbringt?
»Arbeit macht das Leben süß«, meint ein altes Sprichwort.
Heute redet man von Leistungsdruck und Selbstbestimmung, von kürzerer Arbeitszeit und längerem Urlaub.
Unsere Freizeitgesellschaft macht aus der Arbeit ein notwendiges Übel.
Auch das andere gibt es: Für viele ist Arbeit die einzige Form von Selbstbestätigung, Anerkennung und Lebenserfüllung. Man rackert sich ab bis zum Umfallen. Man stöhnt unter der Arbeitslast und kann ohne ihre Überfülle doch nicht sein.
Das Leben verfällt zur gottlosen Hektik. Feierabend und Feiertag sind Luxus. Die Todesanzeige wird einmal vermelden: »Arbeit war sein ganzes Leben.«
Für Christen gilt: Auch das Berufsleben steht unter den Augen Gottes. Die Arbeit ist kein notwendiges Übel, kein billiger Job.
Als Christ weiß ich: Gott hat mich in diesen Beruf berufen. Ich will seine Platzanweisung bejahen und mein Bestes geben.
Beruf ohne Berufung bleibt ohne Segen. Ich habe mich als Berufener im Beruf zu bewähren.

Wer in Gott seine Bestätigung gefunden hat, braucht sie nicht mehr in der Arbeit zu suchen. Das macht unendlich gelassen und bewahrt vor zermürbendem Karrieredenken und überzogenen Erwartungen.
Wer den Wert seines Lebens durch Jesus hat, kann seinen Beruf als Dienst verstehen.
Arbeit steht bei Gott hoch im Kurs. Sie bekommt Bedeutung für die Ewigkeit.
»Alles, was ihr tut, das tut von Herzen als dem Herrn und nicht den Menschen« (Kolosser 3,23). Damit erhält unsere Arbeit eine einzigartige Würde. »Das Werk eines Beethoven und die Arbeit einer Putzfrau werden zu genau den gleichen Bedingungen geistlich, nämlich wenn sie Gott dargeboten und demütig für den Herrn getan werden« (C. S. Lewis).
Dadurch wird Arbeit sinnvoll.
Der Berufsalltag in einer von Gott abgefallenen Welt ist schwer. Oft lassen Betriebsklima, Mitarbeiter und Vorgesetzte uns schaudern. Dennoch stellt Gott uns mitten in dieser Welt an die Arbeit. Aber mit meiner Aufgabe kommt seine Gabe: Unser Herr ist auch am Arbeitsplatz mit dabei. Das macht Mut zum Beruf.
Es gibt keine Lebensbereiche, die von der Herrschaft und Gegenwart Gottes ausgeklammert sind.
Meister und Lehrling, Schüler und Lehrer, Hausfrau und Mutter – unser Herr ist immer

dabei. Er gibt Kraft. Er schenkt Freude. Er lässt durchhalten und ertragen, wo es schwer wird.
Gott gibt Lebensqualität. Denn er ist der Herr des Lebens. Er schenkt das Maß zwischen Arbeit und Ruhe.
Gott gibt Pausen. Atempausen für Körper, Geist und Seele.
Der Herr unserer Arbeitswelt ist der Herr des ganzen Lebens. Im Hören auf ihn bringen wir Arbeit und Ruhe in den richtigen Rhythmus.
Wo Christen an der Arbeit sind, sind sie Zeugen ihres Herrn – oft ohne viele Worte.
Sie sind Zeugen durch ihr Verhalten den Kollegen gegenüber und ihre Einstellung zum Beruf. Sie setzen ein Zeichen gegen Desinteresse und Frustration. Ihre Arbeit steht unter einer einzigartigen Verheißung: »Wisset, dass eure Arbeit nicht vergeblich ist in dem Herrn« (1. Korinther 15,58).
Das macht froh. Das lässt gelassen an den Arbeitsplatz gehen.

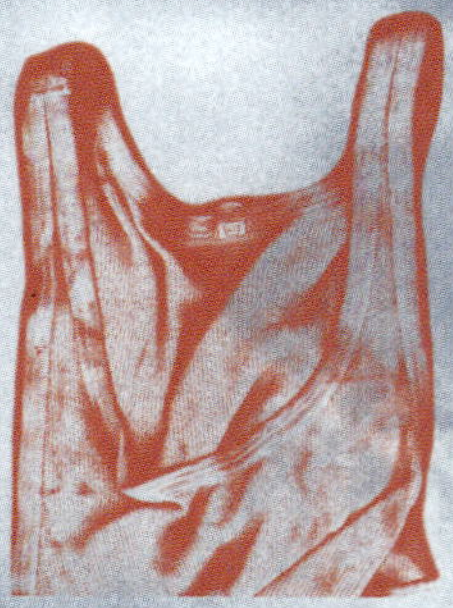

AMMY

Maß-Menschen

Ein bekannter Medizinprofessor überraschte seine Studenten mit folgender Frage: »Welchen Rat geben Sie einer Familie mit dieser Vergangenheit: Der Vater hatte Syphillis, die Mutter Tuberkulose. Sie hatten bereits vier Kinder; davon ist das erste blind, das zweite gestorben, das dritte taubstumm und das vierte wie die Mutter mit Tuberkulose infiziert. Nun erwartet die Mutter ihr fünftes Kind.«

Fast alle rieten zu einer Abtreibung. Das Risiko der Schwangerschaft und die Folgen der familiären Krankheiten seien für das ungeborene Kind einfach zu hoch.

»Nun«, so sagte der Mediziner seinen verblüfften Studenten, »Sie haben soeben Beethoven getötet …«

Heute wäre der 1770 geborene begnadete Komponist auch aus einem anderen Grund wohl nicht auf die Welt gekommen, und seine »Ode an die Freude« hätte diese Welt nie erreicht.

Durch vorgeburtliche Diagnose wäre nämlich festgestellt worden, dass der kleine Ludwig später einmal taub werden würde.

Diese gentechnische Ermittlung käme einem Todesurteil gleich. »PID« bestimmt vielleicht bald über Geburtschance und Todesrisiko.

Hinter dem Kürzel »PID« könnte man eine neue Partei vermuten oder eine chemische Formel –

so harmlos klingt es. Doch PID ist Sprengstoff und sorgt für heftige Debatten.
Für die einen stehen die drei Großbuchstaben für medizinischen Fortschritt der Superlative, andere bezeichnen sie als Horror und Teufelswerk.
PID steht für Präimplantations-Diagnostik. Diese Methode will Eltern helfen, möglichst gesunde Kinder zur Welt zu bringen.
Haben Vater oder Mutter eine Erbkrankheit, so soll eine Befruchtung künstlich vorgenommen werden. Vorher werden die Eizellen untersucht, um nur solche austragen zu lassen, die von der Krankheit nicht betroffen sind.
Ist doch sinnvoll, sagen die einen. So würde man den Eltern und der Umwelt, dem Sozialstaat und den Krankenkassen doch behinderte Kinder »ersparen«.
Doch genau diese Qualitätskontrolle des menschlichen Erbguts ist das Dilemma, erlaubt es doch Ärzten und Eltern, über wertes und unwertes Leben zu entscheiden.
Sie würden sozusagen Gott spielen dürfen, würden von Geschöpfen zu Schöpfern. Und wer gibt uns eigentlich das Recht, stellvertretend für ein ungeborenes Kind zu entscheiden, ob es später mit einer Behinderung leben will und kann?
Nicht nur Künstler wie den Komponisten Robert Schumann (1810-1856) und den Maler Vincent van Gogh (1853-1890) würde es dann nicht geben, weil

sich ihre spätere Schwermut hätte voraussagen lassen.
Der Physik würde ihr derzeit größter Denker Stephen Hawking vorenthalten. Er leidet unter einer unheilbaren Muskellähmung.
Dass dieser bedeutende Kopf einmal auf einem völlig verkrüppelten Körper sitzen würde und nicht sprechen könnte, wäre vor seiner Geburt erkennbar gewesen. Das Genie wäre gnadenlos »entsorgt« worden.
Der Druck, ein Super-Baby zur Welt zu bringen, wird immer größer.
Mit PID wären Geburten nach Wahl und Menschen nach Maß keine Seltenheit, das perfekte Wunschkind möglich: schöner, größer, intelligenter.
Liegt der Wert eines Menschen in blauen Augen und blonden Haaren, in makelloser Muskulatur und vollkommenem Verstand?
Wollen wir aus der Geschichte nichts lernen, von den weltzerstörenden Ideologen mit ihren reinrassigen Recken und Maiden?!
Man mag noch so kluge medizinische Fachausdrücke erfinden: Der Maß-Mensch ist der Mensch als Zuchtvieh. Das hatten die Nationalsozialisten im Sinn, als sie in ihren »Lebensborn«-Lagern junge Leute sich paaren ließen.
Dieser Fortschritt ist ein Rückschritt, ein Rückfall in eine Welt ohne Gott und ohne Gebote.
Es droht uns eine schiefe Bahn, auf der es bald kein Halten mehr gibt.

Der Baby-TÜV im Gen-Labor macht's möglich: Nach der Zeugung auf Probe wird aussortiert, was nicht gefällt – heute das Down-Syndrom, morgen die falsche Augenfarbe.
Wer an das Dritte Reich denkt, bekommt eine Gänsehaut ...
Eine Gynäkologin berichtet, dass sich Eltern in ihrer Praxis wie Konsumenten verhalten, die sich mit einem Techniker über die Gefahren eines neuen Autos unterhalten. Sie erwarten von der Ärztin ein »Gütesiegel« auf ein gesundes Kind.
Es wird ein Klima entstehen, das Behinderung diskriminiert, weil »so etwas« bei all unserem medizinischen Wissen nun wirklich nicht mehr sein müsste.
Schon heute erleben es Eltern behinderter Kinder, wie sie ausgegrenzt werden. Es wird bereits über gentechnische Pflichtuntersuchungen bei Einstellungen nachgedacht, um der Sozial- und Rentenversicherung später Kosten zu ersparen.
Krankenkassen fragen sich, warum sie eigentlich das viele Geld bezahlen müssen, wenn Eltern sich vorgeburtlicher Diagnosen verweigert haben.
Darf der Mensch alles, was er kann? Diese uralte Frage wird quälend aktuell.
Und wenn er nicht alles darf, wer sagt es ihm nach welchen Maßstäben?
Die Wissenschaftsethik ist die größte Herausforderung unserer Tage. Diese Frage schreit zum Himmel, ja sie schreit nach Gott.

Norman Podhoretz, einer der führenden jüdischen Denker Amerikas, warnt: »Ich kann es nicht glauben, dass die heutigen Wissenschaftler mit ihrem Versuch, Gott zu ersetzen, mehr Erfolg haben werden als die alten Wissenschaftler mit ihrem Vorhaben, ihn zu töten.«

Wir brauchen keine Maß-Menschen, wir brauchen Gottes Maßstäbe. Seine Ebenbilder sind Originale, keine Kopien; Prototypen – kein Abklatsch. Das ist es, was ein Leben wertvoll macht.

Gott führt nie in die Enge. Er stellt meine Füße auf weiten Raum.

Der US-Fernsehsender CBS nannte ihn »einen der größten Sänger unserer Zeit«. Nach heutiger Praxis wäre Thomas Quasthoff, der deutsche Wunderbass, nicht auf diese Welt gekommen. Man hätte früh erkannt, dass dort, wo andere Menschen Gliedmaßen haben, bei ihm nur kleine Stummel sind.

Das Arzneimittel »Contergan«, das seiner Mutter in der Frühschwangerschaft verschrieben worden war, hatte diese Schäden verursacht.

Der Sänger erzählte dem Fernsehreporter: »Als ich 1959 behindert zur Welt kam, prophezeite unser Arzt meiner Mutter: Dieser kleine Kerl wird Ihnen noch viel Freude machen!«

Wer Bach, den »Fünften Evangelisten«, liebt, kann da nur nicken. Keiner interpretiert die Basspartien der Passionsmusiken und Oratorien bewegender als dieser kleine Mann mit seiner großen Stimme. Ein Mensch nach Gottes Maß.

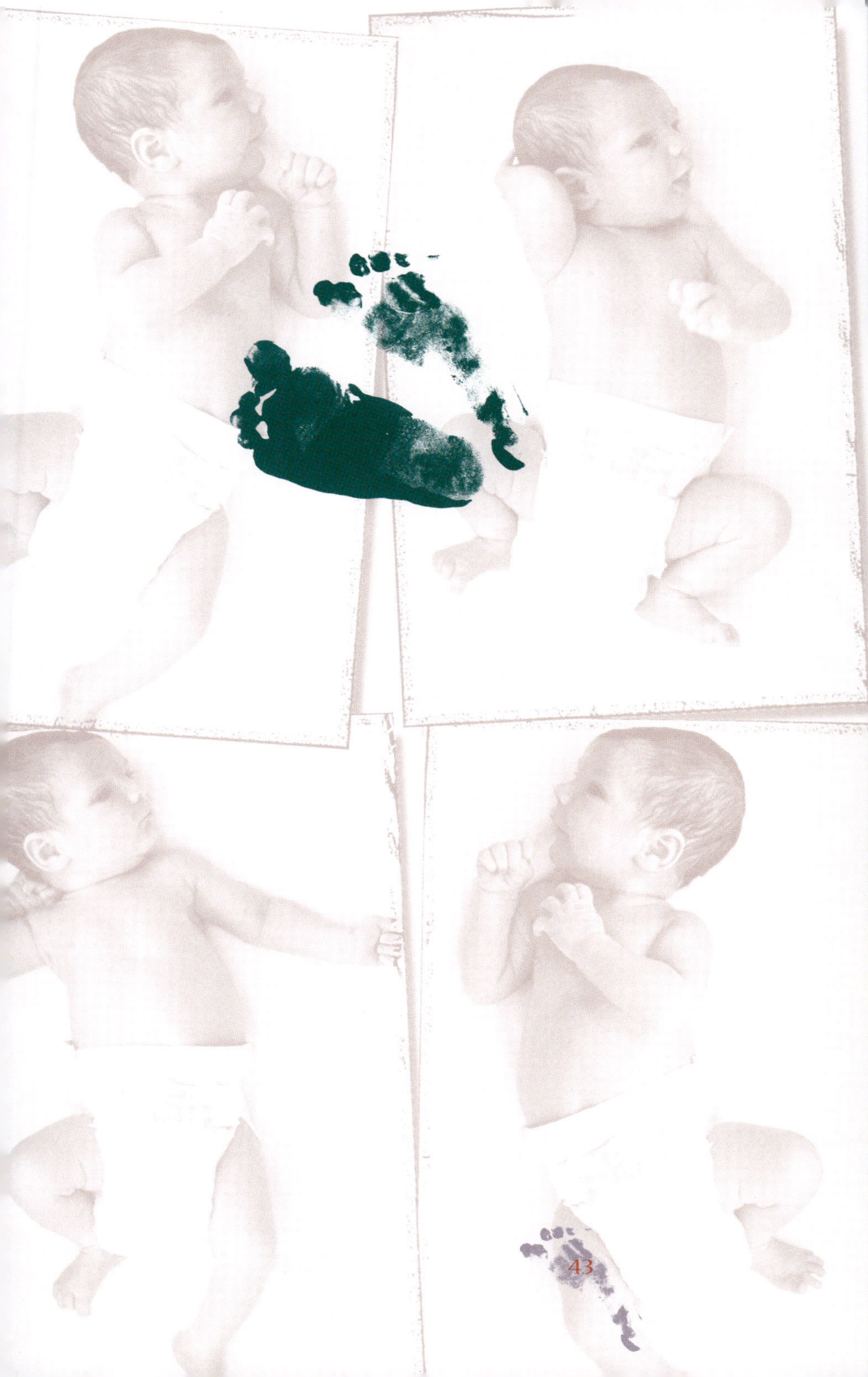

Geborgen in Gottes Hand

Es ist im Krankenhaus einer norddeutschen Stadt. Zwei ältere Frauen liegen im selben Zimmer. Beide haben den gleichen Blick aus dem großen Fenster.
Draußen ist Spätherbst. Die letzten Blätter, die noch an den Bäumen hängen, sind an diesem kalten Morgen von Raureif bedeckt. Die aufgehende Sonne lässt auf den herbstlich gelben Blättern die weißen Eiskristalle blitzen.
Da klingelt eine der beiden Frauen nach der Schwester. »Bitte, drehen Sie mein Bett ein wenig. Ich kann das Fallen der Blätter nicht mehr ertragen. Es erinnert mich zu sehr an die Vergänglichkeit, an den Tod. Ich muss dauernd daran denken, dass ich dieses Krankenhaus vielleicht nicht mehr lebend verlassen werde ...«
Die andere Frau blickt nachdenklich aus dem Fenster.
»Das, was wir da draußen sehen, ist doch die Wirklichkeit. Von ihr kann man sich nicht einfach abwenden. Aber es ist eine tröstliche Wirklichkeit. Sehen Sie nicht, wie sanft die Blätter fallen? Als würde eine unsichtbare Hand sie halten. So wie Gott uns hält. Mitten in Leid und Krankheit, im Leben und im Sterben.
Ist das Fallen eines Blattes denn das Letzte? Nein, nach dem Winter kommt doch der Frühling. Neues entsteht, wächst, blüht und trägt Früchte.

Ich sehe gern nach draußen. Es erinnert mich ans Sterben, ja. Aber auch an die Geborgenheit und an ein neues Leben.«

So unterschiedlich sind die Betrachtungsweisen. Wo der eine nur Ende und Tod sieht, erahnt der andere schon den Anfang des neuen Lebens. Wo der eine bloß die klirrende Kälte menschlichen Leides erkennt, weiß der andere um die bergende Hand des ewigen Gottes.

Er weiß: Dieser Jesus vergisst mich nicht. Er ist gerade dann bei mir, wenn meine Not am Größten ist.

Jesus ist da, um zu trösten. Denn das heißt ja Trost im Sinne der Bibel: Gegenwart Gottes im Leid.

Dass Jesus mich vielleicht nicht aus dem Leid herausholt, aber auf jeden Fall in mein Leid hineinkommt.

Dass Jesus bei mir aushält und mich nicht im Stich lässt.

Dass ich nie tiefer fallen kann als in die Hand Gottes.

Es ist ja ein merkwürdiges Geheimnis: Je größer das Leid ist, desto näher ist mir die schützende und bergende Hand Gottes.

Gott packt uns nicht in Watte, aber er erhält uns im Glauben.

Jesus kam nicht, um uns zu verwöhnen, sondern uns zu versöhnen. Und er, der Versöhner, tritt mit einer Kraft in unser Leben, dass wir auch Leid und

Tränen ertragen können – denn Jesus trägt uns hindurch.
Jesus will keine Genießer. Er will Genossen. Weggenossen, die in seiner Nachfolge mitgehen. Und die Nachfolge von Jesus ist ein Weg des Leides. Aber am Ende steht der Sieg, das ewige Leben. Dieser Zusage darf ich trauen.
Vertrauen heißt dann auch: Ich lerne es, mit Fragen zu leben, auf die ich auf dieser Erde keine Antwort finde.
Bemühen Sie sich nie darum, alles verstehen zu wollen. Sonst laufen Sie Gefahr, dass das Leid Sie fertig macht, anstatt dass Sie mit dem Leid fertig werden.
Wenn Gott wirklich Gott ist, dann handelt er als souveräner Herr.
Wir werden in unserem Leben nicht für alles eine Erklärung finden. Gottes Wege erkennt man oft erst dann als richtig, indem man anfängt, sie zu gehen.
Wie oft überfällt uns Christen Wehmut und Trauer. Leid und Schmerzen lassen Tränen fließen. Lassen Sie sich nicht einreden, derjenige wäre frommer, der wenig Tränen weint. Es könnte gerade das Gegenteil richtig sein. Denn Christen weinen nicht ins Leere hinein. Sie wissen bereits in dieser Zeit um den, der einmal in Ewigkeit alle Tränen abwischen wird: Jesus Christus.
»Christen, die nicht weinen und meinen, sie seien besonders glaubensstark, sollten sich nicht täu-

schen. Gott kann ihnen dann am Ziel nicht einmal die Tränen abwischen« (Johann Albrecht Bengel).
Situationen schweren Leides sind nur zu ertragen, wenn wir in engem Kontakt zu Christus und zu Christen leben.
Wer im Aufblick zu Gott sein Leid erduldet hat, der kann auch anderen Hilfe und Stütze sein.
Der Blick auf Menschen, die ihre Leidensgeschichte mit Gott erduldet haben, kann eine große Ermutigung sein.
Erst recht aber der Blick auf Jesus Christus selbst, der wie kein anderer sein Leid um Gottes willen, aber mit Gottes Hilfe trug.
Wie befreiend ist es doch, sich ganz einfach einmal fallen zu lassen. Sich in die Liebe Gottes hineinfallen zu lassen wie in die Arme eines lieben Menschen.
Hier findet man Geborgenheit statt Verlassenheit, Gemeinschaft mit Gott statt Einsamkeit mit sich selbst. Ich muss vor Gott nicht den starken Mann markieren, der ich ohnehin nicht bin.
Geborgen zu sein in der Hand Gottes, das gilt gerade dann, wenn ich mit meinem Latein am Ende bin.
»Nichts tröstet mächtiger als die Gewissheit, mitten im Elend von der Liebe Gottes umfangen zu sein« (Calvin).
Diese Gewissheit trägt durch. Auch dann, wenn ich zu schwach bin, die Hand Gottes überhaupt zu fassen. Aus einem Konzentrationslager ist dieses

Gebet überliefert: »Wenn ich deine Hand nicht fassen kann, nimm die meine, du, in deine Hände. Nimm dich meiner Seele gnädig an, führe mich zum guten Ende.«
Selig sind, die mitten im Leid den Anblick von Jesus suchen. Die auch dann glauben können, wenn sie nichts mehr fühlen. Gefühle sind nämlich kein Gradmesser für den Glauben.
Glauben heißt: ich vertraue mich Jesus Christus an und weiß, dass diese Lebensverbindung auch dann trägt, wenn ich nicht mehr Halleluja sagen kann.
So ist es die Liederdichterin Julie Hausmann, die seit über hundert Jahren Trost für Millionen spendet. Ihr Lied entstand im Leid. Nicht frohe Stunden des Halleluja, sondern ein leidgeprüftes Leben schuf diese tiefe Liedstrophe:

Wenn ich auch gleich nichts fühle
von deiner Macht,
du führst mich doch zum Ziele
auch durch die Nacht.
So nimm denn meine Hände
und führe mich
bis an mein selig Ende
und ewiglich.

Leid durch Abschiednehmen – das trifft jeden von uns. Abschied von lieben Menschen, von der eigenen Gesundheit, von den Kindern, ja eines Tages vom eigenen Leben.

Da tröstet uns die Gewissheit: Von allem müssen wir einmal Abschied nehmen, nur nicht von Jesus Christus. Durch alles Leid dieser Welt darf ich in der Herrlichkeit seiner Welt ankommen.
»Und Gott wird abwischen alle Tränen von ihren Augen, und der Tod wird nicht mehr sein, noch Leid noch Geschrei noch Schmerz wird mehr sein; denn das Erste ist vergangen. Siehe ich mache alles neu!« (Offenbarung 21,4-5)

Stadt ohne Gott

Nur ein schlichtes Gleichnis. Doch es fällt mir im Alltag immer wieder ein, weil es so aussagekräftig ist:
Da verabreden sich die Spinnen zu einer Konferenz. Natürlich nimmt auch unsere Spinne teil, soll es doch um Probleme der Rationalisierung gehen. Wie kann man das Spinnennetz so reduzieren, dass man möglichst wenig Fäden braucht? Ganz angetan von den Ergebnissen der Konferenz krabbelt unsere Spinne wieder in ihr Netz zurück und beginnt, alles genau zu überprüfen. Doch sie kommt zu der ernüchternden Erkenntnis, dass sie jeden Faden ihres Netzes braucht, um ihr Futter zu fangen. Allein einen Faden entdeckt sie: er geht hoch ins scheinbar Unendliche. »Damit habe ich noch nie irgendetwas gefangen. Er ist sinnlos, wertlos und überflüssig.« Und unsere ach so kluge Spinne fasst den Entschluss, diesen Faden abzuschneiden. Im gleichen Augenblick jedoch bricht ihr ganzes fein gesponnenes und lebenswichtiges Netz in sich zusammen ...
In der Biographie von Jesus finden wir eine solche tragische Episode, in der Menschen ihren Lebensfaden abschneiden. Es sind ausgerechnet seine Landsleute, Menschen, mit denen er aufgewachsen ist, mit denen er drei Jahrzehnte gelebt hat.
Der Arzt Lukas hat diese Geschichte vor 2000 Jahren aufgezeichnet (Lukas 4,14-30) – doch

sie könnte genauso heute geschehen sein.
Die Dichterin Ricarda Huch hat wohl Recht: »In der Bibel stehen lauter alte Geschichten, die jeden Tag neu passieren.«
Jesus Christus predigt in Galiläa, im Norden Israels. Überall strömen die Menschen in die Synagogen. Wie ein Lauffeuer verbreiten sich seine Worte und Wundertaten, so dass er »von jedermann gepriesen wird«.
Nun kommt er nach Nazareth. »Ist er nicht einer von uns?«, fragt man sich in seiner Heimatstadt. Warum macht er hier nicht auch ein paar kleine Wunder statt vieler großer Worte? Doch Jesus ahnt: »Kein Prophet gilt etwas in seinem Vaterlande.« Die Leute hören ihn zwar an, aber sie regen sich auf: Den brauchen wir hier nicht. Der stört, der passt nicht zu uns. Sie finden es einfach unmöglich, dass er sie zur Umkehr auffordert. Sie wollen ein bisschen Religion, aber keine Rettung.
Dann berichtet Lukas: »Sie stießen ihn zur Stadt hinaus« (Vers 29). Ein Satz, den man irgendwie überliest, der in kaum einem Predigtbuch zu finden ist. Trotzdem ist er zentnerschwer und folgenreich – und er lastet bis heute auf unserer Welt.
Gott wird aus der Stadt vertrieben. Staat und Politik ohne Gott. Eine Gesellschaft ohne letzte Bindung.
Harvey Cox beschreibt in seinem Buch »Stadt ohne Gott?« den modernen Menschen als

Kosmopoliten. »Die Welt ist seine Stadt geworden, und seine Stadt hat sich zur Welt erweitert. Der Prozess, der dies in Szene gesetzt hat, wird von uns Säkularisierung genannt.«
Nicht nur die bahnbrechenden Erfindungen der Kommunikationstechnik haben die große Welt zum kleinen Dorf gemacht, man spricht vom »global village«.
Während jedoch unsere Dörfer und Städte als sichtbare Mitte meist steinerne Kirchen hatten, gähnt dort nun ein riesiges Vakuum. Viele erleben das inzwischen als echtes Sinnvakuum.
»Wer Gott aufgibt, der löscht die Sonne aus, um mit einer Laterne weiterzuwandern« (Christian Morgenstern).
Gott hat keinen Platz mehr. Und wo er noch einen besetzt, da macht man ihn ihm streitig. In der Grundcharta der Europäischen Union ist Gott zur Allerweltschiffre »religiös« geschrumpft.
Aus dem deutschen Grundgesetz möchten viele Gott am liebsten streichen. Doch die Geschichte lehrt, wohin das führt.
Immer dann, wenn der Mensch nicht mehr weiß, dass er höchstens der Zweite ist, ist bald der Teufel los. Wenn Gott weichen muss und der Mensch die erste Stelle einnimmt, sind Extremismus und Fanatismus die Folge.
Der atheistische Fundamentalismus, in dem nichts und niemand mehr heilig ist, wird zur größten Bedrohung unserer Zivilisation. Unter

dem Minuszeichen der Gottlosigkeit gerät alles auf die schiefe Bahn.
Nationalsozialismus, Kommunismus und totaler Liberalismus bieten bedrohliche Beispiele. Wer Gott vertreibt, verliert seine Maßstäbe.
Humanität ohne Divinität wird zur Bestialität.
Denken wir nur an die Wissenschaftsethik heute: Darf der Mensch alles, was er kann? Wer setzt die Grenzen für Gentechnik oder vorgeburtliche Diagnostik? Kommt nach dem Klonschaf nun das Designer-Baby? Schon jetzt müssen ungeborene Kinder und alt gewordene Menschen den hohen Preis unserer egozentrischen Wohlfühlgesellschaft bitter bezahlen.
So ist das, wenn sie Jesus zur Stadt hinausstoßen und den Bergprediger in die Tiefe treten ...
Wir können eben den, der zur Rechten Gottes sitzt, nicht einfach links liegen lassen.
»Ein Volk ohne Bindung an Gott geht kaputt. Wenn es Gott nicht mehr gibt, ist alles erlaubt« (Fjedor Dostojewski).
Tschechiens Staatspräsident Vaclav Havel sagte bei der Wirtschaftskonferenz »Forum 2000«: »Die zunehmende Gottlosigkeit ist mitverantwortlich für die derzeitigen Krisen in der Welt.«
Wo die Welt die letzten Werte verspielt, gewinnt sie nur noch Zerstörung. Wer Gott vertreibt, verliert seinen Wegweiser. Ohne Glaube geht's in die Irre. Wer Gott an den Rand drängt, verliert die Mitte, verliert den Faden, an dem alles hängt.

Der russische Dichter und Bürgerrechtler Alexander Solschenizyn mahnte in seiner Nobelpreisrede: »Holt Gott zurück in die Politik!«
Das Gegenteil hatte er lange genug am eigenen Leib erfahren. Ja, Gott gehört in die Verfassung, auch in die unseres Staates.
Aber was ist mit unserer Verfassung, mit der Verfassung der Menschen? Gottes Gebote sind der Rahmen für seine Ebenbilder. Wer sie nicht mehr ernst nimmt, gerät außer Fassung.
Jesus stört – bis heute. Raus aus der Ethik, raus aus der Erziehung, aus dem Alltag. Höchstens noch rein in den Sonntag, in den Feiertag oder das Familienfest. Ein bisschen Christlichkeit als fromme Garnitur, mehr aber bitte nicht …
Wir schneiden uns sehenden Auges den Faden nach oben ab. Dann sackt alles nach unten. Und wir versacken gleich mit. Wer ohne Halt am Himmel ist, versinkt ins Bodenlose.
Wer wieder Tritt fassen will, braucht ein Fundament. Man braucht Gott, um Mensch zu sein. Wir müssen zu Gott umkehren, wenn wir weiterkommen wollen. Den Lebensfaden wieder aufnehmen, indem wir Christus annehmen.
Der irische Schriftsteller George Bernard Shaw, der lange unter dem Einfluss der atheistischen Philosophie Nietzsches stand und dem zum Beispiel die Geschichte zum Musical »My fair Lady« zu verdanken ist, sagte in einem Interview zu seinem 60. Geburtstag: »Ich bekenne, dass ich, nach-

dem ich 60 Jahre Erde und Menschen studiert habe, keinen anderen Ausweg aus dem Elend der Welt sehe, als den von Jesus Christus gewiesenen Weg. Es ist unmöglich, dass die Erde ohne Gott auskommt.«

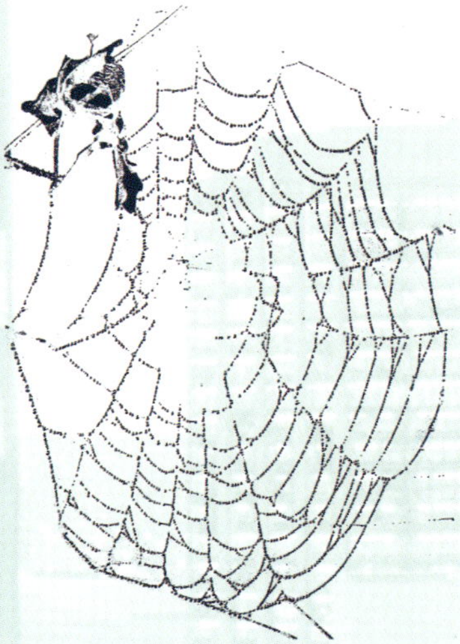

Gott lässt uns durchatmen

Wir leben in einer lauten Welt. Tempo prägt unseren Alltag. Lärm umgibt uns überall. Wo bleibt die Stille? Hektik und Stress lasten auf unserem Tagesablauf. Der Mensch lebt mit der Faust im Nacken. Es ist die Epoche der Rastlosen. Wo bleibt die Ruhe? Wo bleibt die Pause? Mit der Stille und der Ruhe verhält es sich ja eigenartig. Die einen ersehnen sie: »Wenn ich doch endlich mal herauskäme aus dem Teufelskreis der Termine und Verpflichtungen.« Andere suchen sie bewusst: »Ich brauche Zeiten, in denen ich abschalten und mit mir allein sein kann.« Und wieder andere meiden Ruhe und Stille. Sie sind ihnen unheimlich. Sie brauchen Lärm, Abwechslung und das brausende Leben. »Mit mir allein sein, das ist das Schlimmste, was es gibt ...«

Es stimmt: Stress und Hektik werden zugleich verflucht und gesucht. Man träumt von Ruhe, Frieden und Entspannung. Aber wenn es so weit ist, fällt einem die Decke auf den Kopf. Viele tauschen die Alltagshektik gegen den Freizeitstress. Selbst die Zeit der Erholung an Abenden, Wochenenden und im Urlaub wird totgeschlagen. Die Ruhe mit sich und die Stille mit Gott ertragen nur wenige. Was steckt dahinter? Der Mensch hat Angst davor, eine Pause zu machen. Was soll man tun, wenn es nichts mehr zu tun gibt? Die Zeit wird verbraucht, damit sie nicht mehr quält. Der rastlose Mensch ist auf der Flucht vor sich und seinen Lebensfragen. In einer Phase der Geschäftigkeit lädt Jesus seine Jünger einmal ein: »Ruht ein wenig!« (Markus 6,31). Gott gönnt uns eine Pause. Gott lässt uns durchatmen. Er schenkt Stille. Stille, die uns nicht allein lässt mit den aufbrechenden Fragen. Er ist ja da mit seiner Fürsorge. Pausenloser Einsatz ist gelebter Unglaube. Keine Zeit zu haben ist das Glaubensbekenntnis des modernen Heidentums. Es ist der Verlust der Ewigkeit, der uns in Trab hält, in diesem Leben nur nichts zu verpassen. Wer Ewigkeit hat, der hat Zeit. Wer einen großen Gott hat, der kann sich Ruhe leisten. Ihm läuft nichts davon, weil er schon alles hat. Mit Gott wird alles gewonnen, ohne ihn ist alles verloren – auch die Zeit. Der Morgenglanz der Ewigkeit leuchtet schon in unsere Zeit hinein. Auch in unseren geschäftigen Alltag. Wir leben letztlich von dem Brot von morgen, aus der Ruhe der kommenden Herrlichkeit. Stille ist ein Stück vorweggenommener Ewigkeit. Darum dürfen wir bitten. Davon können wir leben. Dieser Blick auf die Ewigkeit ist kein Ausweichen vor der Wirklichkeit. Nicht die feige Flucht aus dem harten Alltag. Erst wer aus der Ruhe der Ewigkeit heraus lebt – wer so weit vorausblickt und sich daran orientiert – der ist tüchtig für das Leben heute. Wenn wir in der Zeit etwas ausrichten wollen, dann müssen wir uns nach der Ewigkeit ausrichten.

Sehnsucht nach Segen

Als der frühere amerikanische Präsident Bill Clinton zum zehnten Jahrestag des Mauerfalls Deutschland besuchte, rief er den begeisterten Berlinern zum Schluss seiner Rede zu: »God bless you!«
Der Dolmetscher übersetzte die Worte mit: »Viel Glück!«
Ich weiß nicht, ob er das »Gott segne Sie!« als bloße amerikanische Floskel empfand und sie deshalb mit einer deutschen Floskel wiedergab. Oder ob er die wörtliche Übersetzung als überholt und veraltet betrachtete.
Auf jeden Fall war der Mann weder auf der Höhe seiner Bildung noch auf der Höhe unserer Zeit. Denn Segen ist alles andere als antiquiert.
Selbst Menschen, die mit dem Glauben wenig zu tun haben wollen, verspüren heute eine Sehnsucht nach Segen.
Sie tun das, wie mir ein Kollege eingestand, weil sie die Empfindung und Erfahrung machen: Unser Leben ist letztlich nicht kalkulierbar. Wir haben es nicht völlig im Griff. Es braucht da noch etwas, damit unser Leben eine runde Sache wird.
An vielen alten Häusern sieht man diesen Spruch in Balken eingeritzt oder aufgemalt: »An Gottes Segen ist alles gelegen.« Es ist die uralte Erfahrung, dass letzte Lebenserfüllung nicht von Menschen machbar ist.

Dass ohne Gott alles zu kurz gerät. Dass ohne Gott keine Rechnung aufgeht.
Wie die Luft zum Atmen, brauchen wir den Segen Gottes.
Dieser Segen ist jedoch keine geheimnisvolle Zauberkraft, keine Wirkung mystischer Mächte, auch kein automatischer Glücksbringer. Segnen heißt auch nicht »etwas absegnen« – also etwas gut heißen (sanktionieren!) oder religiös überhöhen. Man kann nur das segnen, worauf Gott selbst seinen Segen gelegt hat. Alles andere ist banale Belanglosigkeit, die den Namen »Segen« zur Farce verkommen lässt.
Segnen kommt von dem lateinischen Wort »signare«. Ein Künstler signiert sein Werk. Er macht damit sichtbar, dass es von ihm stammt, er kennzeichnet es als sein Eigentum.
Im Namen Gottes zu segnen, heißt also: Du gehörst zu ihm, du bist sein Eigentum, von ihm beschlagnahmt und beschenkt …
»Und nun spricht der Herr, der dich geschaffen hat: Fürchte dich nicht, denn ich habe dich erlöst; ich habe dich bei deinem Namen gerufen; du bist mein« (Jesaja 43,1).
Dieses lateinische »signare« bedeutet aber noch mehr: das Kreuzzeichen machen, jemand mit dem Kreuz von Christus kennzeichnen.
Es wird also nichts ab-gesegnet, es wird ein-gesegnet: jemanden in den Machtbereich von Jesus Christus stellen, in die Freiheit, an die Sonne, ins

Leben. Der letzte Ernst des Segens besteht nicht in einem Leben in Hülle und Fülle und auf lauter Höhenwegen, sondern im Riss aus teuflischer Tiefe. Deshalb sagt Martin Luther in seinem Abendsegen: »Denn ich befehle mich, meinen Leib und Seele und alles in deine Hände. Dein heiliger Engel sei mit mir, dass der böse Feind keine Macht an mir finde.«

Ein Leben unter der Kreuzes-Signatur ist ein Leben in der Kreuzes-Nachfolge.

Segen setzt in Bewegung. Als Christ ist mir kein ruhig-beschauliches, reibungslos-bequemes Dasein garantiert. Keine runde Biografie. Segen schließt Leid nicht aus, aber Gottes Gegenwart im Leid ein. Dass er aus einer krummen Biografie etwas machen kann.

Gottes heilender Segen in einer zerrissenen Welt – dieses Paradox hat der Berliner Journalist Jochen Klepper mitten in der Zeit des National-sozialismus in eine tiefsinnige Liedzeile gegossen: »Gott will im Dunkel wohnen und hat es doch erhellt …«

Segen ist eben doch nicht dasselbe wie »alles Gute« oder »viel Glück«. »Lachen oder Weinen wird gesegnet sein.«

Und gesegnet heißt: Ich stehe nie allein, mit Gott bin ich immer in der Mehrheit, ich stehe unter seinem persönlichen Schutz. Gesegnete Menschen kommen immer in vorbereitete Verhältnisse.

»Wenn ich auch gleich nichts fühle von deiner Macht, du führst mich doch zum Ziele, auch durch die Nacht …«
Kummer und Sorgen sind kein Ausschluss, sondern Anschluss an Gottes Segen.
Gesegnet ist ein Mensch, der es als Glück begreift, von Gott abhängig zu sein. Bei ihm eingerichtet, von ihm aufgerichtet, an ihm ausgerichtet.
Wo Gott einen Menschen segnend anspricht, da nimmt er ihn in Anspruch: Segen ist kein Selbstzweck, er verpflichtet zur Weitergabe. Segen ist Dienst. Ich stelle meinen Nächsten unter Gottes Augen.
»Nur aus dem Unmöglichen kann die Welt erneuert werden. Dieses Unmögliche ist der Segen Gottes« (Dietrich Bonhoeffer).
Es ist also tausendmal wichtiger, Segensspuren statt Schlagzeilen zu hinterlassen. So bekommt das uralte Gotteswort an Israels Vater Abraham eine topaktuelle Bedeutung: »Ich will dich segnen … und du sollst ein Segen sein« (1. Mose 12,2).
Und noch mehr verheißt Gott Abraham: »Ich will dir einen großen Namen machen.« Deshalb steht im griechischen Urtext des Neuen Testamentes für segnen das Wort »eulogein«. Das bedeutet: gut von jemanden sprechen, ihn anerkennen.
Was kann es wohl Größeres geben, als dass Gott zu mir »Ja« sagt. »Du gehörst trotz allem zu Gott« (Dietrich Bonhoeffer).

Einen anderen segnen heißt: Gutes über ihn denken, reden und für ihn tun.
Leben im Segen – das ist kein Besitz, das ist Geschenk. Keine fromme Redensart, sondern begründete Gewissheit: Nicht die vergängliche Welt, sondern der ewige Gott hat mich in der Hand. Und diese Hand hält.
Segen bringt nicht Erfolg, sondern Erfüllung.

Der Herr sei vor dir, um dir den rechten Weg zu zeigen. Der Herr sei neben dir, um dich in die Arme zu schließen, um dich zu schützen gegen Gefahren.
Der Herr sei hinter dir, um dich zu bewahren vor der Heimtücke des Bösen.
Der Herr sei in dir, um dich zu trösten, wenn du traurig bist. Der Herr sei um dich herum, um dich zu verteidigen, wenn andere über dich herfallen.
Der Herr sei über dir, um dich zu segnen. So segne dich der gütige Gott heute und morgen und immer. Amen.
(Patrick, Apostel von Irland)

Impressum

Bestell-Nr. 393.739
ISBN 3-7751-3739-4

Internet: www.haenssler.de
E-Mail: info@haenssler.de
Lektorat: Ute Mayer
Umschlaggestaltung und Innenlayout: Ingo C. Riecker
Satz: Vaihinger Satz & Druck
Titelbilder: Thomas&Thomas (Porträt Peter Hahne)
Archiv Krüger & Ko. (Hintergrund)
Bilder im Innenteil:
Jacoby, Hilla & Max Mosche: S. 20–23
Mauritius: S. 8–13, 18, 19, 30–33, 34–37, 38–43, 44–49, 50–55, 56, 57, 58–62
MEV: S. 6, 7, 8–13, 14–17, 24–29, 38–43, 50–55 (Signet), 56+57 (Signet),
58–62 (auch Signet)
Riecker, Ingo C.: S. 20–23, 24–29, 34–37 (auch Signet), 56, 57
ZEFA: S. 30–33
Druck und Bindung: Sachsendruck GmbH
Printed in Germany

hänssler

Weitere Bücher von Peter Hahne:

Gute Nachrichten von und mit Peter Hahne

Gb., mit Schutzumschlag, 20 x 25 cm, 80 S.
Nr. 391.694, ISBN 3-37751-1694-X

»Warum bringt das Fernsehen immer nur schlechte Nachrichten?« Diesem Vorwurf setzt Peter Hahne, stellvertretender Leiter des ZDF-Hauptstadtstudios, sein Buch »Gute Nachrichten« entgegen. Nachrichten, die aus dem Rahmen fallen, sind Thema dieses Bildbandes. 27 kuriose, fast märchenhafte, aber echte Meldungen sind »Aufhänger« für jeweils einige kurze Gedanken über Gott und die Welt. Ein Buch für Jung und Alt. Zum Betrachten, Lesen, Vorlesen. Ideal zum Verschenken.

Alles Gute zum Geburtstag

wünscht Peter Hahne
CD & Bildbändchen im Schuber, gb., 14 x 12,5 cm, 40 S., durchg. farbig ill.
Nr. 393.279, ISBN 3-7751-3279-1

Eine ganz besondere Aufmerksamkeit zum Geburtstag: eine CD mit klassischer Instrumentalmusik und dazu das Bildbändchen mit Gedanken und Segenswünschen von Peter Hahne und wunderschönen Fotos. Ein Geschenk, das gut ankommt!

Fröhliche Weihnachten

wünscht Peter Hahne
CD & Bildbändchen im Schuber, gb., 14 x 12,5 cm, 40 S., durchg. farbig
Nr. 392.943, ISBN 3-7751-2943-X

Ein Weihnachtsgeschenk, das nicht so schnell zur Seite gelegt wird. Weihnachtliche Lieder und klassische Instrumentalmusik stimmen auf die Festtage ein. Das passende Bildbändchen enthält herrliche Naturaufnahmen sowie Texte und Impulse von Peter Hahne.

Bitte fragen Sie in Ihrer Buchhandlung nach diesen Büchern!
Oder schreiben Sie an den Hänssler Verlag, D-71087 Holzgerlingen.